Bibliografische Information der Deutschen Nationalbibliothek:

Die Deutsche Bibliothek verzeichnet diese Publikation in der Deutschen National-bibliografie; detaillierte bibliografische Daten sind im Internet über http://dnb.d-nb.de/ abrufbar.

Impressum:

Copyright © 2017 GRIN Verlag
Druck und Bindung: Books on Demand GmbH, Norderstedt Germany
ISBN: 9783668646995

Dieses Buch bei GRIN:

https://www.grin.com/document/388135

Lukas Hübner

Trainingslehre 1. Gesundheitsorientiertes Krafttraining

GRIN Verlag

GRIN - Your knowledge has value

Der GRIN Verlag publiziert seit 1998 wissenschaftliche Arbeiten von Studenten, Hochschullehrern und anderen Akademikern als eBook und gedrucktes Buch. Die Verlagswebsite www.grin.com ist die ideale Plattform zur Veröffentlichung von Hausarbeiten, Abschlussarbeiten, wissenschaftlichen Aufsätzen, Dissertationen und Fachbüchern.

Besuchen Sie uns im Internet:

http://www.grin.com/

http://www.facebook.com/grincom

http://www.twitter.com/grin_com

Deutsche Hochschule für

Prävention und Gesundheitsmanagement

Hermann Neuberger Sportschule 3

66123 Saarbrücken

Einsendeaufgabe

Fachmodul: Trainingslehre I

Studiengang: Sportökonomie

Datum
Präsenzphase: 17.07.-20.07.2017

Name, Vorname: Hübner, Lukas

Studienort: **Hamburg**

Semester: **Wintersemester 2016**

Inhaltsverzeichnis

1 Diagnose

Einleitend, zum Beginn der Trainingssteuerung, müssen zuerst verschiedene Parameter festgestellt werden. Mit Hilfe einer ausführlichen Anamnese kann man im weiteren Verlauf auf die eventuellen Einschränkungen, die vom Kunden geäußerten Motive usw. in eine ideale Zielsetzung sowie anschließende Trainingsplanung übergehen.

1.1 Allgemeine und biometrische Daten

Untenstehend, tabellarisch aufgelistet, sieht man die ausführliche Auswertung der Diagnose eines Kunden.

Tab. 1: Allgemeine und biometrische Daten des Kunden (eigene Darstellung)

Allgemeine Daten		
	Alter:	22 Jahre
	Geschlecht:	Männlich
	Berufliche Tätigkeit:	Student
	Körpergröße:	1,78 m
	Körpergewicht:	76 kg
Sportliche Aktivitäten	- Früher: Fußball seit dem 6. Lebensjahr	
	- Seit ca. 24 Monaten regelmäßiges Krafttraining, 2-3 mal pro Woche, unsystematisch ohne Trainingsplan	
Zeitlicher Verfügungsrahmen	3-6 Stunden pro Woche	
Geäußerter Kundenwunsch	- Muskelaufbau	
	- Steigerung des maximalen Gewichtes beim Bankdrücken	
Umfangsmessungen	- Umfang Oberarm (Rechts)	
	38,8 cm	
	- Umfang Oberschenkel (Rechts)	
	59,5 cm	
Sonstiges	- keine Einnahme von Medikamenten	
	- keine orthopädischen oder internistischen Probleme	
	- keine aktuelle oder zurückliegende ärztliche Behandlung	
	- keine gesundheitlichen Einschränkungen	
Ruheblutdruck: 118/79 mmHg	Norm: >130/85 mmHg (Eifler, 2016a)	
	Bewertung: Ruheblutdruck des Kunden im optimalen Bereich	

Ruhepuls: 59 Schläge/Min.	Norm: 60-80 Schläge/Min. bei Erwachsenen (Eifler, 2016a)
	Bewertung: Ruhepuls des Kunden ist unbedenklich
Einschätzung hinsichtlich der Belastbarkeit des Kunden	Anhand des festgestellten Blutdrucks, des Ruhepulses und der weiteren Parameter ist der Kunde in vollem Umfang belastbar.

1.2 Krafttestung

Die Krafttestung ist im Kraftsportbereich sehr nützlich. Sie bietet beispielsweise dem Trainierenden die Möglichkeit des Vergleichs der Referenzwerte nach einem erneuten Test, oder dem Trainer die Möglichkeit, die Trainingsgewichte für eine erfolgreiche Trainingsplanung abstimmen zu können.

Nachfolgend werde ich das von mir gewählte Testverfahren für den, am Anfang vorgestellten Kunden näher erläutern.

Als Methode zur Krafttestung habe ich mich für einen 1-RM Test entschieden, welcher auf einem deduktiven Ansatz basiert. Dieser Ansatz ist bei Sporttreibenden weit verbreitet (Eifler, 2016).

Dieser Test ist für den von mir gewählten Sportler sehr geeignet, da der Proband zwei Jahre Trainingserfahrung aufweist und somit bereits über eine verbesserte intramuskuläre Koordination verfügt (Wonisch, Hofmann, Förster, Hörtnagl, Ledl-Kurkowski & Pokan, 2017). Bei mangelnden Kenntnissen im Hinblick auf die Übungsausführung würde der Test wohlmöglich bei Beginnern ein erhöhtes Verletzungsrisiko mit sich ziehen.

Das Ziel eines 1-RM Testes ist es, das maximal mögliche Gewicht, bei einer Wiederholung, anhand einer gewählten Übung zu bestimmen. Anschließend dient dieser Wert dazu, die verschiedenen Trainingsintensitäten für die spätere Trainingssteuerung abzuleiten. Für den genauen Ablauf würde dies also bedeuten, dass wenn es dem Kunden möglich ist, das gewählte Gewicht nach einem gemäßigten Aufwärmen, in einer Übung mit sauberer Technik mehr als einmal zu bewältigen, man das Gewicht für den folgenden Testsatz erhöht. Da dieses Verfahren das zentrale Nervensystem sehr beansprucht, sollte man zwischen den einzelnen Testdurchläufen jeweils eine Pause von etwa drei Minuten einlegen. Man sollte die Testdurchläufe nur so lange wiederholen, bis es dem Sportler nicht mehr möglich ist, das Gewicht mit einer korrekten Ausführung zu bewältigen. Das ermitteln des Korrekten Gewichtes sollte innerhalb von maximal fünf Durchläufen bestimmt sein, da sonst bereits eine zu große Erschöpfung der arbeitenden Muskulatur vorliegt und kein aussagekräftiges Ergebnis mehr erzielt werden kann (Gail, 2015).

Folgend werde ich nun dieses Verfahren exemplarisch anhand meines Kunden am Beispiel des ersten Split-Trainingsplans – Oberkörper tabellarisch aufzeigen.

Tab. 2: Krafttestung – Mesozyklus I, Split-Training Oberkörper (eigene Darstellung)

Übung	Testsatz 1	Testsatz 2	Testsatz 3	Testsatz 4	Testsatz 5	Ergebnis
Bankdrücken	95kg	97,5kg	100kg	-	-	100kg
Latzug	77,5kg	80kg	82,5kg	85kg	-	85kg
Butterfly	62,5kg	65kg	67,5kg	70kg	-	70kg
Rudern	67,5kg	70kg	72,5kg	-	-	72,5kg
Dips	20kg	22,5kg	-	-	-	22,5kg
Bauchpresse	85kg	87,5kg	-	-	-	87,5kg
Rückenstrecker	147,5kg	150kg	152,5kg	-	-	152,5kg

Anhand dieser absolvierten Krafttestung kann man nun die Trainingsgewichte ableiten. Als konkretes Beispiel bedeutet dies, dass der Sportler im Mesozyklus I die Übung Bankdrücken mit 80 Prozent seines Maximums bewältigen wird. Das Trainingsgewicht für das Bankdrücken ist somit im genannten Zyklus 80 kg.

2 Zielsetzung/Prognose

Ziel 1: Der Kunde möchte eine Erhöhung des Umfangs am Oberarm.

Inhalt: Steigerung des Umfangs am Oberarm ohne signifikanten Anstieg des Körperfettanteils.

Ausmaß: Erhöhung des Oberarmumfangs um 1,5-3 cm (gemessen am rechten Oberarm).

Zeit: 6 Monate

Begründung: Ein Hypertrophietraining, welches mein Kunde überwiegend durchführen wird, bewirkt eine Vergrößerung des Querschnittes der Muskulatur. Ebenso spricht für ein Erreichen des gesteckten Zieles, dass der Mann mit 22 Jahren über einen sehr hohen

Testosteronwert verfügt (Tomasits & Haber, 2016, S. 69). Dieses Hormon zählt zu den Wachstumshormonen und ist somit maßgeblich am Aufbau von Muskulatur beteiligt (Tomasits & Haber, 2016, S. 16).

Ziel 2: Der Kunde möchte eine Erhöhung des Umfangs am Oberschenkel.

Inhalt: Steigerung des Umfangs am Oberschenkel ohne signifikanten Anstieg des Körperfettanteils.

Ausmaß: Erhöhung des Oberschenkelumfangs um 2-4 cm (gemessen am rechten Oberschenkel).

Zeit: 6 Monate

Begründung: Wie bereits beim oben genannten Ziel der Erhöhung des Oberarmumfangs, spielt ebenfalls bei diesem Ziel die Trainingsmethode der Hypertrophie eine wichtige Rolle. Auch die vorherigen Parameter bezüglich des Testosterons sind für dieses Ziel maßgebend (Tomasits & Haber, 2016, S. 77).

Ziel 3: Der Kunde möchte eine Steigerung des maximal möglichen Gewichtes beim Bankdrücken.

Inhalt: Steigerung der Maximalkraft bei der Übung Bankdrücken.

Ausmaß: Erhöhung um 5-10 kg bei einer Wiederholung .

Zeit: 6 Monate

Begründung: Die Steigerung der Maximalkraft beim Bankdrücken möchte ich bei meinem Kunden mit einer Verbesserung der intramuskulären Koordination erreichen. Hieraus resultiert eine verbesserte Maximalkraft, da der Sportler in der Lage ist mit einem gesetzten Reiz mehr motorische Einheiten eines Muskels anzusprechen (Wonisch, Hofmann, Förster, Hörtnagl, Ledl-Kurkowski & Pokan, 2017).

3   Trainingsplanung Makrozyklus

Die Nachfolgende Tabelle zeigt die Makrozyklusplanung über eine Dauer von ca. 6 Monaten. Das primäre Ziel des Kunden für den Makrozyklus war eine Hypertrophie verschiedener Muskelgruppen, sowie ein leichter Anstieg der Maximalkraft.

Tab. 3: Makrozyklus (eigene Darstellung)

	Mesozyklus I	Mesozyklus II	Mesozyklus III	Mesozyklus IV
Zyklusdauer	6-8 Wochen	6-8 Wochen	4 Wochen	6-8 Wochen
Spezifisches Trainingsziel	Hypertrophietraining	Hypertrophietraining	Maximalkrafttraining	Hypertrophietraining
Organisationsform	Stationstraining 2er Split-Training	Stationstraining 3er Split-Training + Ganzkörpertraining	Stationstraining Ganzkörpertraining	Stationstraining 2er Split-Training
Trainingseinheiten/Woche	4	4	3	4
Übungen/Muskelgruppe	1-3	1-3	1-2	1-3
Sätze/Übung	2-3	2-3	2-5	2-3
Satzpausen	2-3 Minuten	2-3 Minuten	>5-6 Minuten	2-3 Minuten
Wiederholungen	10 - 15	8 - 10	1-3	8 - 12
Intensität	70-80 %	75-85 %	90-100%	80-90 %
Bewegungstempo	2/0/2	2/0/2	2/0/2	2/0/2

- Begründung Trainingsmethoden:

Ich habe mich für eine Kombination aus einem Hypertrophie- und einem Maximalkrafttraining entschieden, da der Sportler einerseits das Ziel einer Dickenzunahme an Arm und Oberschenkel hat. Dieses Ziel erreicht man mit einer Hypertrophie der Myofibrillen (Tomasits & Haber, 2016, S. 77).

Des Weiteren habe ich in einem Abschnitt des Makrozyklus ein Maximalkrafttraining mit dem Ziel einer Verbesserung der intramuskulären Koordination gewählt, um dem Sportler das Erreichen eines weiteren Ziels zu ermöglichen. Die vom Sportler gewünschte Absicht seine Maximalkraft, speziell bei der Übung Bankdrücken zu verbessern, wird mit dieser Methode erreicht (Baumann, Jäger & Bloch, 2012).

- Begründung Belastungsparameter:

Es wird über den gesamten Makrozyklus ein Mehrsatztraining ausgeführt. Hierfür spricht die metaanalytische Herangehensweise in der kumulativen Habilitationsschrift von Herrn Dr. phil. Michael Fröhlich (S. 37-45), in der er die deutliche Überlegenheit eines Mehrsatztrainings gegenüber einem Einsatztraining aufzeigt. Weiter hat sich Fröhlich metaanalytisch mit der optimalen Trainingshäufigkeit befasst, was meine Vorgabe von 3-4 Mal pro Woche für einen Fortgeschrittenen bestätigt.

Die Wiederholungszahlen habe ich nach Zatsiorsky (1996) aus den unterschiedlichen Intensitäten abgeleitet. Die Pausenzeiten habe ich nach Eifler (2013, S. 47-49) abgeleitet, der in seiner Dissertation beispielsweise für ein Hypertrophietraining eine Pausenzeit von zwei bis drei Minuten herausstellt.

- Begründung Organisationsform:

Der Sportler wird im Laufe des Makrozyklus verschiedene Arten der Organisationsformen durchlaufen. Die einzige Konstante ist ein durchgängiges Stationstraining. Zuvor hat der Trainierende 2-3 unsystematische Trainingseinheiten pro Woche absolviert. Um den Belastungsumfang zu ändern habe ich mich für, je nach Trainingsmethode, 3-4 Einheiten pro Woche entschieden. Bestätigung für diesen Entschluss fand ich ebenfalls in einer Metaanalyse (Fröhlich, 2010, S. 42-45). Dies ist möglich, da mir der Sportler einen wöchentlichen Verfügungsrahmen von 3-6 Stunden zugesichert hat. Zusätzlich wird er im Laufe des Makrozyklus einen Wechsel von Split-Training und Ganzkörpertraining erleben, da auch die Trainingsmethode von einem Hypertrophietraining zu einem Training der intramuskulären Koordination wechselt und sich hierfür besser ein Ganzkörpertraining eignet. Grund hierfür ist, dass man eine lange Pausen zwischen den Sätzen machen sollte, um dem zentralen Nervensystem ausreichend Erholungszeit für die darauf folgende, sehr hohe Belastung zu geben (Gail, 2015). Um also den gesamten zeitlichen Rahmen einer Trainingseinheit nicht zu lang werden zu lassen, habe ich nur wenige Muskelgruppen in den Plan aufgenommen, was für ein Ganzkörpertraining spricht.

- Begründung Periodisierung:

Ich habe mich für eine lineare Blockperiodisierung entschieden, um dem Sportler eine klare Struktur bis zu einem gewissen Ziel vorzugeben. Weiter hat sich bei einer Blockperiodisierung eine größere Erfolgsquote gegenüber einer wellenförmigen Form ergeben, was bereits in einer Metaanalyse zum Thema der verschiedenen Periodisierungsmodelle in Hinblick auf die verschiedenen Effekte diskutiert wurde (Fröhlich, Müller, Schmidtbleicher & Emrich, 2009).

4   Trainingsplanung Mesozyklus

Der Mesozyklus ist ein Abschnitt der Trainingsplanung und beschreibt einen Zeitraum von sechs bis zwölf Wochen. Die Dauer eines Mesozyklus ist immer abhängig vom Trainingszustand der Sportler sowie dem angestrebten, spezifischen Trainingsziel (Eifler, 2016).

Den Folgenden Zyklus habe ich als ein Split-Training aufgebaut, damit der Sportler einen Wechsel der Belastungsparameter bekommt. Zuvor bestand das Training aus 2-3 Einheiten pro Woche. Dank der systematischen Aufteilung in Ober- und Unterkörper ist es dem Kunden möglich, effektiv vier Einheiten pro Woche zu absolvieren. Da er bereits über ausreichend Trainingserfahrung verfügt, habe ich mich des weiteren für viele freie, nicht Gerätegestützte Übungen entschieden, da hierdurch eine noch bessere Schulung der intermuskulären Koordination erfolgt. Dies hat seinen Ursprung darin, dass mehr synergistisch wirkende Muskelgruppen bei vergleichbaren Übungen eingesetzt werden, da bei freien Übungen deutlich mehr Eigenstabilisation gefordert ist (Kempf, 2014).

Die Entscheidung für eine Aufteilung vorerst in Ober- und Unterkörper wurde von mir gewählt, da es unter anderem das Ziel des Kunden ist, den Muskelquerschnitt von Oberschenkel und Armen zu vergrößern. So hat er pro Woche zweimal die Möglichkeit die Beine, sowie zweimal den Oberkörper inklusive der Arme mit einem Hypertrophietraining zu trainieren.

Nachstehend habe ich einen Mesozyklus aus der vorangegangenen Makroplanung näher definiert.

Tab. 4: Trainingsplan Mesozyklus I – Oberkörper (eigene Darstellung)

Zyklusdauer:	Trainingsziel:		Organisationsform:	
6-8 Wochen	Hypertrophie der Muskulatur		Split-Training – Oberkörper/Unterkörper	
Einheiten/Woche:	Übungen/Muskelgruppe:	Bewegungstempo:		Intensität:
4	1-3	2/0/2		70-80 %
2er Split-Training	- Oberkörper			
Übung	Wiederholungen	Sätze		Pause
- Bankdrücken	8	4		2-3 Minuten
- Latzug	10	3		2-3 Minuten
- Fliegende	8	4		2-3 Minuten
- Rudern	10	3		2-3 Minuten
- Dips	10	3		2-3 Minuten
- Bauchpresse	12	2		2-3 Minuten
- Rückenstrecker	12	2		2-3 Minuten

Tab. 5: Trainingsplan Mesozyklus I – Unterkörper (eigene Darstellung)

Zyklusdauer:	Trainingsziel:		Organisationsform:	
6-8 Wochen	Hypertrophie der Muskulatur		Split-Training – Oberkörper/Unterkörper	
Einheiten/Woche:	Übungen/Muskelgruppe:	Bewegungstempo:		Intensität:
4	1-3	2/0/2		70-80 %
2er Split-Training	- Unterkörper			
Übung	Wiederholungen	Sätze		Pause
- Kniebeuge	10	3		2-3 Minuten
- Rumänisches Kreuzheben	8	3		2-3 Minuten
- Ausfallschritte	10 pro Bein	3		2-3 Minuten
- Beinbeuger	8	4		2-3 Minuten
- Beinstrecker	8	4		2-3 Minuten
- Wadenheben	10	3		2-3 Minuten

5   Literaturrecherche

Die nachstehenden Tabellen befassen sich mit den Effekten von Krafttraining bei vor-
liegenden Rückenschmerzen. Folgend werde ich zwei Studien aufführen, welche sich
mit den Effekten auseinandersetzen.

Tab. 6: Auswertung Studie 1 – LWS-Syndrom (modifiziert nach Stephan, A., Goebel, S. & Schmidtbleicher, D., 2011)

Wer hat die Studie Durchgeführt?	Stephan, A., Goebel, S. & Schmidtbleicher, D.
In welchem Jahr wurde die Studie publiziert?	Die Studie wurde im Jahre 2011 publiziert.
Mit welchen Versuchspersonen wurde die Studie durchgeführt?	- 58 Teilnehmer (53,4% weiblich) bis zum Studienende - Durchschnittliches Alter: 44,37 Jahre - Durchschnittliche Größe: 174,52 cm - Durchschnittliches Gewicht: 75,39 kg Einschlusskriterien: - Rückschmerzen > 12 Wochen oder - mind. zwei wiederkehrende Schmerzschübe pro Jahr seit mind. zwei Jahren Ausschlusskriterien: - bekannte Osteoporose - instabile Herz-Kreislauf-Erkrankungen, akute Verletzungen und Entzündungen am Bewegungsapparat, motorische Ausfälle, postoperative Zustände - Aktueller/ehemaliger Kundenstatus beim Anbieter
Wie sah der Versuchsaufbau der Studie aus?	Allgemeines: - Zeitraum: Durchschnittlich 24,5 Wochen - absolvieren eines hypertrophie-orientierten, gerätegestützten Krafttrainings - Einweisung der Probanden in den ersten drei Trainingseinheiten durch qualifiziertes Personal - Trainingskontrollen und ggf. -anpassungen nach der zehnten und zwanzigsten Einheit

	Gestaltung des Krafttrainings: - Durchschnittliche Trainingseinheiten/Woche: 1,6 - Ganzkörpertraining (zehn Apparative Übungen), Große Muskelgruppen vor kleinen - Wiederholungen: 6-9 bei ca. 60% der Maximalkraft, 1 Satz - Pause zwischen den Trainingseinheiten mind. 48 Stunden **Messverfahren:** - Einteilung des Schmerzes nach Skala der Medical Outcomes Study und Oswestry Disability Index in Bezug auf die letzten 4 Wochen - Maximalkraftmessung der Lumbalextensoren
Welche relevanten Ergebnisse und Schlussfolgerungen liefert die Studie?	- 20 Personen vollkommen befreit vom Schmerz Die folgenden Werte sind Durchschnittswerte der Probanden.

Schmerzstärke	zu Beginn:	25,78/100
	Nach 3 Monaten:	15/100
	Nach 6 Monaten:	14,57/100
Pain Severity	zu Beginn:	56,03/100
	Nach 3 Monaten:	72,68/100
	Nach 6 Monaten:	75,71/100
Effects of Pain	zu Beginn:	73,43/100
	Nach 3 Monaten:	86,42/100
	Nach 6 Monaten:	87,43/100
Oswestry Disability Index	zu Beginn:	10,37/100
	Nach 3 Monaten:	5,10/100
	Nach 6 Monaten:	4,10/100

Zusammenfassend lässt sich sagen, dass im Durchschnitt eine allgemeine Linderung des Schmerzes nach dem Interventionszeitraum zu verzeichnen ist.

Tab. 7: Auswertung Studie 2 – LWS-Syndrom (modifiziert nach Uhlig, H., Denner, A. & Jäger, K., 1997)

Wer hat die Studie Durchgeführt?	Uhlig, H., Denner, A. & Jäger, K.
In welchem Jahr wurde die Studie publiziert?	Die Studie wurde im Jahre 1997 publiziert.
Mit welchen Versuchspersonen wurde die Studie durchgeführt?	- 135 Teilnehmer (58,09% weiblich) bis zum Studienende - Durchschnittliches Alter Frauen: 41,8 Jahre Männer: 43,6 Jahre Einschlusskriterien: - Stadien I-II des andauernden Schmerzsyndroms - Resistenz bei Behandlung auf herkömmliche Weise - Arbeitsfähigkeit - Freiwillige Programmteilnahme - Bereitschaft zur Zusammenarbeit der Teilnehmer und hohe Eigenmotivation - Keine Vorerfahrung im Krafttraining - Evtl. Bereitschaft zur Zahlung der Programmkosten - Zusicherung regelmäßig und ausdauernd zu trainieren Ausschlusskriterien: - Definiert nach Staudte et al.
Wie sah der Versuchsaufbau der Studie aus?	Allgemeines: - Zeitraum: Drei Monate 24 Trainingseinheiten, je 60 Minuten - absolvieren eines progressiven, dynamischen, gerätegestützten Krafttrainings - Intensive, individuelle Betreuung durch speziell qualifizierte Therapeuten Zusätzlich zum Krafttraining: - Funktionsgymnastische Mobilisierung, Dehnung und Kräftigung - Vermitteln von Techniken zur Entlastung der Wirbelsäule und Entspannung der Rumpf- und Halsmuskulatur - Vermitteln von wirbelsäulengerechtem Verhalten und schonenden Bewegungstechniken
Welche relevanten Ergebnisse und Schlussfolgerungen liefert die Studie?	Die folgenden Werte sind Durchschnittswerte aller Probanden.

13

	Beweglichkeit:
	
	    LWS/BWS: +13,9 Grad
	    HWS: +12,1 Grad
	
	Kraft der wirbelsäulenstabilisierenden Muskelgruppen:
	
	    Bereich Rumpf: +53,7 %
	    Bereich HWS: +46,6 %
	    Rumpfextensoren: +23,6 %
	
	Allgemeines:
	- 54,5 % der LWS-Syndrom Betroffenen waren am Ende der Studie Beschwerdefrei
	- 87,1 % verzeichneten eine Linderung der Beschwerdeintensität
	- Bei 72 % verminderte sich die Häufigkeit der Beschwerden
	- Allgemeine Leistungsfähigkeit stieg um 22,2 % bei der Hälfte der Patienten
	- Persönliches Wohlbefinden stieg um bei 37 % der Patienten um 15,1 %

14

6 Literaturverzeichnis

Baumann, F.T., Jäger, E. & Bloch, W. (2012). *Sport und körperliche Aktivität in der Onkologie*. Berlin: Springer.

Eifler, C. (2013). *Empirische Überprüfung der Effekte verschiedener Ansätze zur Intensitätssteuerung im fitnessorientierten Krafttraining*. Dissertation, Universität des Saarlandes. Saarbrücken.

Eifler, C. (2016a). *Studienbrief Medizinische Grundlagen* (Rev. 15.016.000). Saarbrücken: Deutsche Hochschule für Prävention und Gesundheitsmanagement.

Eifler, C. (2016). *Studienbrief Trainingslehre I – Gesundheitsorientiertes Krafttraining* (Rev. 15.018.000). Saarbrücken: Deutsche Hochschule für Prävention und Gesundheitsmanagement.

Fröhlich, M. (2010). *Ökonomische Überlegungen zum sportlichen Training unter besonderer Berücksichtigung der Krafttrainingsforschung*. Kumulative Habilitationsschrift, Universität des Saarlandes. Saarbrücken.

Fröhlich, M., Müller, T., Schmidtbleicher, D. & Emrich, E. (2009). Outcome-Effekte verschiedener Periodisierungsmodelle im Krafttraining. *Deutsche Zeitschrift für Sportmedizin, 60* (10), 307-314.

Gail, S. (2015). Verfahren zur Kraftdiagnostik im Gesundheits- und Fitnesssport. *Prävention und Gesundheitsförderung, 3*, 235-236.

Kempf, H.D. (2014). *Funktionelles Training mit Hand- und Kleingeräten. Das Praxisbuch*. Berlin: Springer.

Stephan, A., Goebel, S. & Schmidtbleicher, D. (2011). Effekte maschinengestützten Krafttrainings In der Behandlung chronischen Rückenschmerzens. Effects of Machine-Based Strength Training in the Therapy of Chronic Back Pain. *Deutsche Zeitschrift für Sportmedizin, 62* (3), 69-74.

Tomasits, J. & Haber, P. (2016). *Leistungsphysiologie. Lehrbuch für Sport- und Physiotherapeuten und Trainer* (5. Aufl.). Berlin: Springer.

Uhlig, H., Denner, A. & Jäger, K. (1997). Die Rekonditionierbarkeit chronischer Rückenpatienten mit muskulärer Insuffizienz unter den Rahmenbedingungen einer orthopädischen Praxis. *Orthopädische Praxis, 33* (6), 411-416.

Wonisch, M., Hofmann, P., Förster, H., Hörtnagl, H., Ledl-Kurkowski, E. & Pokan, R. (2017). *Kompendium der Sportmedizin. Physiologie, Innere Medizin und Pädiatrie*. (2. Aufl.). Österreich: Springer.

Zatsiorsky, V. (1996). *Krafttraining - Praxis und Wissenschaft*. Aachen: Meyer & Meyer.

7 Tabellenverzeichnis